RECHERCHES

HISTORIQUES ET STATISTIQUES

SUR LA VILLE

D'ARGENTON

ET SON TERRITOIRE (INDRE),

Par GROSSET, ancien notaire.

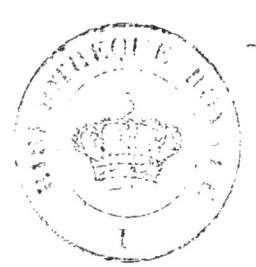

Indocti discant et ament meminisse periti.

Châteauroux, Typographie et Lithographie de MIGNÉ.

AVERTISSEMENT.

Cet opuscule, dont partie a été publiée par la voie du *Journal de l'Indre* il y a une dizaine d'années, n'a été composé que dans le but de rappeler aux habitants d'Argenton leurs droits à l'obtention d'établissements utiles, qui leur ouvriraient des sources fécondes de prospérités.

Un excellent citoyen, d'une ame généreuse et grande, d'un caractère bienfaisant, pénétré d'un vif amour de l'humanité, animé d'un vrai et sincère patriotisme, qui m'honorait de son amitié et de sa confiance, ayant appris que je m'occupais de recherches historiques sur l'ancienne province du Berri, pour satisfaire mon esprit de curiosité, me parla d'Argenton avec le plus vif intérêt et m'annonça que toutes les opérations, depuis longtemps commencées, du nivellement entier de la rivière de la Creuse pour parvenir à sa canalisation, étaient faites; que depuis 30 ans, il s'occupait avec sollicitude de sa canalisation; que ses soins et son activité étaient sur le point d'être couronnés de succès; qu'une ordonnance royale était maintenant nécessaire, pour adjuger l'entreprise des travaux qu'elle nécessitait; qu'il connaissait à Paris une compagnie de spéculateurs qui s'en rendrait adjudicataire; il m'observa que le corps des ponts et chaussées, désireux de les faire exécuter pour le compte du gouvernement, apporterait beaucoup plus de lenteur qu'une compagnie intéressée à jouir plus promptement de l'intérêt de l'avance de ses capitaux : que dès lors, des pétitions, de la part de citoyens animés de l'intérêt de leur pays, devaient être adressées à la chambre des députés pour solliciter du gouvernement cette ordonnance; qu'il connaissait les bonnes dispositions des députations d'Indre-et-Loire et de la Creuse, pour les appuyer de toute leur influence, partageant d'ailleurs le même intérêt que les riverains de la Creuse.

Il me chargea de la rédaction de celle à faire, au nom des habitants d'Argenton, sur les documents qu'il me fournit, et m'engagea à en provoquer de la part de plusieurs citoyens de Saint-Gaultier et du Blanc : quant à celle de ceux d'Indre-et-Loire, il s'en chargea dans un voyage qu'il fit à Tours, pour hâter le terme du travail qu'avait à faire l'inspecteur divisionnaire des ponts et chaussées, avant son retour à Paris pour y remplir sa mission de député. Tout fut exécuté selon ses désirs. Touchant au but de ses travaux, une mort déplorable priva Argenton d'un de ses amis sincères, qui lui portait une affection non pas vaine, mais très active! Il m'a légué en quelque sorte le soin de continuer son œuvre, en usant des faibles moyens qui sont en mon pouvoir, en excitant mes concitoyens à quelques rangs de la société qu'ils appartiennent, à renoncer au moins pour quelques instants à tout esprit de rivalité, d'animosité, de haine causé par intérêt, système politique, vanité puérile et autres mauvaises passions qui pourraient agiter notre cité, ainsi que l'est malheureusement le corps social entier, pour ne s'occuper que des intérêts généraux du pays qui réagissent toujours sur l'intérêt particulier de chacun de ses membres.

Que les Argentonnais pénétrés du noble sentiment de la reconnaissance, donnent un juste tribut d'hommages à la mémoire honorable de cet excellent philantrope, qui était feu M. *Duris-Dufresne*.

Les habitants d'Argenton, orphelins de protecteurs justes et bienveillants pendant un trop longtemps, il s'en est enfin élevé un sur l'horizon, qui, après avoir étudié l'esprit qui les anime, leur caractère, le désir naturel qu'ils auraient de développer et d'agrandir les faibles sources alimentaires de leur industrie et de leur commerce, a su les apprécier et les estimer. Ses sentiments à cet égard me sont connus, il usera, n'en doutons pas, de tous les moyens d'influence que la rectitude et la pénétration de son esprit, la justesse de son jugement, le sentiment vif de la reconnaissance et sa haute position lui suggèreront dans leurs intérêts : c'est le *représentant* né de nos intérêts généraux et politiques.

Que l'union fasse notre force, en bannissant de notre esprit toute défiance ; marchant au contraire avec toute confiance sous sa bannière, nous pourrons concevoir l'heureux espoir du succès de nos vœux.

Feu M. *Dufresne, le philantrope*, me conseilla d'extraire de tous les documents historiques que j'avais recueillis sur l'ancienne province du Berri, dans les historiens Mezerai, Chaumeau, Lathaumassière, Anquetil, Davila, etc., et les archives de l'archevêché de Bourges et de l'ancienne intendance du Berri, tout ce qui offrait de l'intérêt sur la ville d'Argenton, et de le livrer à la publicité ; considérant que cette réunion de faits historiques pouvait présenter *des titres* bons à conserver, pour faire valoir en temps opportun.

Les fragments de cette notice, imprimés sur des feuilles

volantes d'un journal, ne pouvant remplir ce but, plusieurs personnes, amies de leur pays, m'ont sollicité de livrer ce travail entier à l'impression, pour en faire jouir la généralité des citoyens Argentonnais. La jeunesse y puisera des traditions qui exciteront sa curiosité et des exemples propres à imiter, et faire naître en elle l'amour d'un vrai patriotisme.

L'encouragement que je reçus de feu M. *Dufresne* a donc donné naissance à cette œuvre faible, mais non dépourvue d'intérêt et inspirée par un sincère amour du bien public.

A mes Concitoyens Argentonnais.

J'ai consacré quelques instants à élaborer sur tout ce qui concerne notre pays, une notice historique et statistique que j'ose vous offrir et pour laquelle je réclame votre indulgence.

Mon amour, mon dévouement et mon zèle pour le pays qui m'a vu naître, m'ont plutôt guidé, que le conseil de mes forces. Parmi vous, il s'en trouve un grand nombre, par l'étude des littératures grecques et romaines, qui ont fait la base de leur éducation, ont appris les époques de la fondation des empires célèbres des Mèdes, des Assyriens, des Perses, des Égyptiens, des Grecs et des Romains ; qui connaissent les mœurs, les lois, les coutumes et les actions de ces différents peuples, leurs historiens, leurs littérateurs, leurs poètes, leurs législateurs, leurs savants philosophes, tous bienfaiteurs de l'humanité, leurs guerriers fameux, et ont acquis une foule d'autres connaissances, parmi lesquelles ne se trouve pas celle de l'histoire antique du pays qui leur a donné naissance.

Pour réparer cette lacune, j'ai fait tous mes efforts pour recueillir, en butinant à l'instar de l'abeille, tout ce qui peut vous offrir de l'intérêt sur l'origine et les antiquités de notre pays, les établissements qu'il a possédés, ses hommes distingués, les mœurs de ses habitants, l'origine de son dialecte, les productions de son territoire, son industrie commerciale, et indiquer pour son avenir, les établissements que je crois nécessaires pour vivifier son commerce, son industrie et son agriculture, qui lui donneraient l'importance et la splendeur dont il a joui dans les temps anciens : sa position topographique l'appelant à figurer parmi les villes commerçantes de l'intérieur de notre belle France.

Puissent mes efforts être couronnés de succès! Je m'estimerai heureux que ce faible tribut à mon pays soit agréé. Il servira d'encouragements à d'autres de nos compatriotes, qui, plus favorisés que moi dans leurs recherches, pourront y ajouter plus tard et donner les moyens de compléter son histoire.

J'ai l'honneur d'être,

Mes chers compatriotes,

Votre dévoué serviteur,
GROSSET.

TOPOGRAPHIE.

La ville d'Argenton, en latin *Argentonum, Argentomagum, Castrum Argentomagum*, qui faisait autrefois partie de l'ancienne province du Berri, est aujourd'hui du département de l'Indre. Elle est située sur la rivière de la Creuse, au 19me degré de longitude et au 40me degré 30 min. de latitude. Elle est à neuf myriamètres de Bourges et à une distance à peu près pareille de Limoges et de Poitiers, à cinq myriamètres deux kilomètres de Guéret, quatre myriamètres du Blanc, quatre de la Châtre, et à trois de Châteauroux, chef-lieu du département. Elle est traversée par la grande route de Paris à Toulouse et à une distance à peu près égale de ces deux villes (27 myriamètres).

HISTOIRE ET ANTIQUITÉS.

L'origine de la ville d'Argenton se perd dans la nuit des temps ; tout porte à croire qu'elle était du nombre des villes distinguées dans les Gaules avant l'invasion des Romains.

Vers le troisième siècle de l'ère chrétienne, le proconsul Heraclius, sous l'empire de Domitien, y résidait : suivant l'histoire des Martyrs, saint Marcel et saint Anastase y furent, par ses ordres et sous ses yeux, lapidés et martyrisés.

Les historiens nous ont conservé quelques souvenirs sur son ancien château, qui était considéré comme inexpugnable avant l'invention de la poudre et des armes meurtrières de siége.

Ce château ou forteresse était construit sur la plateforme d'un rocher escarpé, entouré de hautes et épaisses murailles flanquées de dix tours, dont sept très grosses et trois moyennes : il dominait à l'est la rivière de la Creuse qui est très profonde dans cette partie et était environné de larges et profonds fossés à l'ouest.

Chacune de ses dix tours avait son nom particulier ; la plus grosse, au nord, près le faubourg appelé Maroux, dont l'étymologie vient par corruption du mot *Marais*, s'appela tour d'Héracle, du nom de son gouverneur ; sur le frontispice de la porte d'entrée de cette tour, on y lisait : HERACLIUS VENI, VICI, et au-dessous était sculptée la figure d'un taureau, symbole de la force.

Une autre tour, près cette première, s'appelait la tour du Donjon ; elle renfermait un puits extrêmement profond et portait le même nom que la tour ; au milieu de sa profondeur existait un roc sur lequel on marchait cinq à six pas et on trouvait une porte qui donnait issue pour aller à la tour d'Héracle.

Une troisième tour, plus haute que les autres, était désignée sous le nom de tour des Prisons, et bâtie à vive arête et couverte.

Au midi du château, étaient trois autres tours connues sous le nom de tours du Guet, très grosses, qui renfermaient des citernes bien cimentées.

Une septième tour, à l'est et dans la partie la plus basse, était construite sur pilotis dans le lit même de la rivière ; elle était très grosse avec des murs fort épais ; elle a résisté longtemps à la destruction du temps ; elle s'écroula en l'année 1782, servant alors de prison : les prisonniers qui y étaient détenus furent transférés ailleurs aussitôt que les autorités locales s'aperçurent de l'écartement des murs, de sorte que sa chute n'occasionna aucun accident.

Les historiens ne parlent pas des trois autres tours, parce qu'elles n'offraient sans doute rien de remarquable.

Suivant la tradition, il y avait des souterrains qui conduisaient de ce château jusqu'à la rivière de la Creuse, soit pour abreuver les animaux, soit pour servir de retraite au besoin.

Ces dix tours attenantes aux murailles du château et distribuées circulairement, formaient une enceinte que l'on nommait la Grande-Cour, au milieu de laquelle était un puits de cinquante mètres de profondeur, et à une certaine distance de cette profondeur on avait pratiqué une retraite qui pouvait facilement contenir cinquante hommes.

Le château existait encore, ainsi qu'il vient d'être décrit, en 760 ; époque à laquelle Argenton était la clef de l'Aquitaine. Gaifre ou Waifre, fils d'Hunaud, duc de cette ancienne province, qui ne se montra pas moins opposé à Pepin-le-Bref, premier roi de la seconde race, que l'avait été son père à Charles-Martel, dans leurs prétentions à étendre leur autorité, attira la guerre dans ses états. Pepin la commença avec son impétuosité ordinaire, prit la ville et le château d'Argenton en 761 ; y entra le fer d'une main et le flambeau de l'autre, et y causa beaucoup de ravages. Il détacha du duc plusieurs de ses vassaux et parents, entr'autres *Remistan*, son oncle, qu'il établit gouverneur de la ville et château d'Argenton ; cependant ce dernier ne resta pas longtemps fidèle à son bienfaiteur. Pepin, en 766, continua avec activité la guerre d'Aquitaine qu'il n'avait pas interrompue ; Remistan ne tarda pas à se repentir d'avoir déserté la cause de son neveu ; il prit les armes et voulut se rendre indépendant ; mais Pepin s'empara une seconde fois de la ville, lors de son retour de l'Aquitaine, et il fit subir à Remistan le sort presque toujours réservé aux hommes qui flottent entre les partis; en 767, celui-ci fut pendu pour *foi mentie* aux murs du château.

Comme cette forteresse avait beaucoup souffert pendant ces deux siéges, Pepin la fit réparer, ainsi que le remarque Frédegaire en sa chronique : *Castrum Argentonum à fundamento Miro opere reparavit.*

Il fut encore assiégé sous le gouvernement du vicomte de Guy, son seigneur, en 1018, qui en fut chassé par Eudes, l'ancien baron de Châteauroux, prince du Bas-Berri.

En l'année 1187, le roi d'Angleterre, Henri II, oncle et tuteur de Denise de Déols, qui se maria cette même année à Guy de Chauvigny, possédait à ce titre la vicomté d'Argenton et toute la terre Déoloise; il refusa la foi-hommage du comté de Poitou à Philippe-Auguste, roi de France, qui lui déclara la guerre; ce dernier irrité, marcha sur le Berri avec une armée formidable et s'empara des villes d'Argenton, Châteauroux et autres : peu de temps après, ces rois firent un traité d'après lequel Châteauroux et Argenton restèrent au roi d'Angleterre, qui abandonna de son côté ses prétentions à Philippe sur les villes d'Issoudun et de Graçay.

Sous Henri III, en 1577, durant le temps de la ligue, les chefs des ligueurs tentèrent vainement, sous le commandement du maréchal De la Châtre, gouververneur pour la ligue, de s'emparer de la place d'Argenton; mais les habitants, fidèles à la cause du Roi, résistèrent avec courage à leurs insinuations, à leurs menaces, et à la force sous le commandement de leur valeureux capitaine *Sourdault* qui la conserva au Roi.

En 1572, la maison religieuse des dames de Longefont, prieuré de l'ordre de Fontevrault, qui était située à deux myriamètres au-dessous d'Argenton, sur les rives de la Creuse, ayant été incendiée pendant la guerre de religion qui portait partout ses ravages dans les environs d'Argenton, les dames religieuses se retirèrent dans les bâtiments du château.

En 1621, les réformés s'en étant emparés, le prince de Condé en chassa le gouverneur et la garnison, et mit cette forteresse en sûreté avant de marcher sur Sancerre dont il fit également le siége.

En 1632, Louis XIII, lors de son retour de Toulouse, après la condamnation du connétable de Montmorency, ordonna la démolition de cette forteresse, qu'il considérait comme dangereuse; elle ne fut entièrement terminée que sous le règne de Louis XIV.

Il ne reste plus de cette ancienne et vaste forteresse que des ruines offrant des masses énormes d'anciens murs très épais qui paraissent indestructibles avec les instruments ordinaires.

Au milieu de ces décombres, il a été édifié une chapelle connue sous le nom de Notre-Dame-des-Bancs ou du Château.

Cette ville conserva son importance sous la première et la seconde race des rois de France. Elle était alors la clef de l'Aquitaine dont plusieurs provinces furent formées après sa réunion au royaume.

Les siéges qu'elle éprouva vers la fin du huitième siècle, la reconstruction de sa citadelle à cette époque ne font que le confirmer.

L'historien Chaumeau écrit, que de son temps on avait trouvé un grand nombre de médailles d'origine romaine dans les ruines du château et dans les environs d'Argenton, des pièces de monnaie d'or, d'argent, de bronze et autres métaux; sur la surface et la circonférence de quelques-unes on lisait : C. N. LENTU-

LUS, M. VALERIUS, LUCIUS HOSTILIUS, M. CATO PROC. JULIUS COESAR, CLAUDIUS NERO, VIVIT AUGUSTUS, DOMITIANUS IMP. GERM. DIVO TRAJANO, ANTONINO, etc., etc.; sur le revers des unes, on voyait l'effigie des empereurs et des consuls, et sur quelques autres la figure d'un taureau.

De nos jours on en a trouvé qui sont très bien frappées, portant l'effigie de plusieurs empereurs romains et d'impératrices.

La ville d'Argenton, suivant l'opinion du même historien, pour la défense et la sûreté de laquelle cette forteresse avait été élevée à cause de son importance, était située près le faubourg Saint-Étienne, et s'étendait principalement sur tous les demi-coteaux, aujourd'hui couverts de vigne, qui la dominent.

Ce qui le confirme dans ce sentiment, ce sont les découvertes qui avaient été faites dans ces lieux, de ruines et de fondements de bâtiments, de plains de tannerie, de tombeaux en pierres de taille, de fûts et de débris de colonnes, des restes d'un ancien pont de pierres qui servait à la route de Paris dans la Guyenne. Il y avait à la suite de ce pont un chemin taillé dans le roc, et on prétend que c'est par là que César fit passer son armée lors de la guerre des Gaules; le lieu dont je parle se nomme aujourd'hui Cerfait (César fait).

Chaumeau observe que dans un clos de vigne, appelé les *Palais*, on a découvert en divers temps des fondements de bâtiments, des caves bien voûtées et des pièces de différents métaux; que dans le clos de vignes des Mersans ou *Mursceints*, on a trouvé des ruines de fontaines artificielles, belles et somptueuses, dont les canaux étaient de marbre, des bains et étuves d'albâtre avec des colonnes de la même matière, sur lesquelles étaient sculptés des lions et autres animaux ; que dans le clos appelé Saint-Anastase, entre Saint-Marcel et Saint-Étienne, on avait également découvert deux monuments statuaires, grands et magnifiques, représentant un homme et une femme; que la ville de Saint-Marcel, qui n'est séparée d'Argenton que d'un kilomètre et à peu de distance de Saint-Étienne, avait toujours porté dans les anciens titres le nom de Saint-Marcel d'Argenton; qu'il existait entre cette ville et le faubourg Saint-Étienne, une enceinte dont la forme circulaire et les parties de murs qui en restent, attestaient l'existence d'un ancien cirque; cet emplacement se nomme en jargon du pays, *Viron*, sans doute du mot *environner* à cause de la forme circulaire de ce monument.

En 1820, il y fut fait des fouilles qui le découvrirent en entier; le propriétaire a cru devoir depuis le combler de terre et y continuer la culture de la vigne.

On peut conclure, avec l'historien Chaumeau, de ces découvertes nombreuses qui portent l'empreinte de la magnificence des romains, qu'ils ont longtemps séjournés dans ces contrées; que la ville d'Argenton avait son emplacement au milieu de ces divers monuments, et que ses dominateurs d'alors la regardaient comme une cité importante, puisqu'ils y avaient fait construire des bains publics d'une grande magnificence et un cirque très étendu.

L'on sait que dans les villes populeuses, le peuple demandait à ses magistrats du pain et des spectacles: *panem et circenses*. Saint-Marcel, aujourd'hui renfermé par les clos de vignes sus-dénommés, en faisait sans aucun doute partie.

Sous la troisième race de nos rois, depuis 987, le vallon où est maintenant l'emplacement d'Argenton, s'est successivement couvert de maisons, ainsi que l'enceinte du château, séparés l'un de l'autre par la rivière de la Creuse, sur laquelle il fut construit un pont en pierres pour servir de communication ; la partie de la ville édifiée dans l'enceinte du château fut nommée *ville haute* et celle dans le vallon *ville basse*.

Il semblerait, à l'aspect de la vétusté des maisons de la ville haute, qu'elle faisait partie intégrante du château avant son entière destruction, et être conséquemment beaucoup plus ancienne que la ville basse ; elle avait qutare portes : elle est bâtie sans symétrie sur des portions de rocher d'une surface inégale, raboteuse et d'un accès difficile.

C'est cette partie de la ville qui renfermait les principaux établissements, tels qu'auditoire, collége, tueries et boucheries sous halles, juiverie et marchés aux grains et aux bestiaux ; les marchés aux grains ainsi que les prisons publiques y existent toujours.

Nous allons parler de plusieurs princes du Bas-Berri, successeurs par alliance des princes de Déols, descendant de la maison de Léocade, sénateur romain, gouverneur des Gaules Lyonnaise et Aquitanique, qui vivait dans le temps que saint Ursin prêchait la foi dans le Berri. Léocade donna, suivant la tradition, à cet apôtre, le palais qu'il avait dans la ville de Bourges, pour y construire un temple en l'honneur du premier martyr, saint Étienne : ses successeurs dotèrent leur ville d'Argenton de plusieurs établissements religieux et firent édifier diverses églises.

Ce fut l'an 1187, qu'André de Chauvigny, surnommé dans nos anciennes chroniques *le preux des preux*, épousa Denise de Déols, nièce du roi d'Angleterre, et seule héritière de cette maison de Déols, qui possédait soit directement, soit en suzeraineté tout le pays renfermé entre les rivières du Cher, d'Angles et de la Gartempe, comme le remarque l'auteur de la Translation de Saint-Gildas, en parlant de l'un de ces seigneurs nommé Ebbes, qu'il qualifie ainsi : *gloriosus princeps, nobilis ebbo maximam partem pagï bituricensis tenebat subditione suâ, si quidem à caro fluvio usquè ad wertempam et Engliam potentissimè principabatur.*

Ce prince fut le fondateur de l'église avec un prieuré, sise dans cette partie haute de la ville, connue sous le nom de Saint-Benoît : ses armes s'y voyaient de nos jours à la voûte de la nef, aux vitraux et sur les piliers.

En 1740, à l'instant où on y célébrait l'office, l'explosion de la mine qu'on fit jouer dans le rocher vif pour la confection de la route de Paris à Toulouse, la fit fendre en plusieurs endroits. Une rue appelée de la *Calandre*, située parallèlement à cette église, s'écroula entièrement.

Suivant la tradition, un demi-siècle avant cet événement, une autre rue de cette partie de la ville s'écroula de même en entier, sans cause connue; elle s'appelait la rue de la *Varenne;* il existe encore de ce nom un moulin à farine au bas de la route susdite.

Cette église, qui appartient à la commune, sert maintenant d'entrepôt au marché aux blés.

André de Chauvigny fonda également un hôpital, qui était situé dans la ville basse, précédé d'une vaste chapelle, dont la destruction eut lieu lors de l'alignement qui fut fait de la route de Paris à Toulouse.

Sur l'emplacement de l'hospice on a construit de nos jours le nouvel Hôtel-de-Ville.

Dans la ville basse, en 1549, André Guy de Chauvigny, troisième du nom, seigneur de Chauvigny, de Châteauroux, Argenton, vicomte de Brosses, fit édi-

2.

fier la maison et le couvent des Cordeliers qu'il dota généreusement : cette maison était considérable ; dès son origine, elle possédait quinze religieux profès qui y tenaient études et noviciat ; il l'avait pourvue de toutes sortes de commodités, entr'autres d'une fontaine qui a sa source à deux portées de fusil de son enclos et qui a conservé le nom de fontaine des Cordeliers. Elle fournissait une eau excellente, qui était conduite par des tuyaux de plomb dans des réservoirs distribués en diverses parties de cet enclos et jusques dans la sacristie, la cuisine et le réfectoire des religieux : on y voyait encore, en 1789, un bassin en belles pierres de taille où il y avait eu autrefois un jet d'eau.

Une partie des bâtiments et de l'enclos de cette maison religieuse, concédée à la commune d'Argenton, sert maintenant au prétoire de la justice de paix, et le surplus des bâtiments à l'école mutuelle.

L'église qui en faisait partie, étant très spacieuse, a été divisée en deux portions, dont l'une, qui servait autrefois de salle des exercices littéraires du collége florissant qui a précédé la création d'une école mutuelle, est affermée pour servir de salle de spectacle. On a fait de l'autre portion une chapelle ou oratoire sous l'invocation de sainte Catherine.

Dans une partie de l'enclos, feu M. Auclerc-Descôtes, docteur en médecine, ex-constituant et maire alors d'Argenton, dont l'administration fut constamment consacrée à tout ce qui pouvait contribuer à la salubrité et à l'embellissement de son pays, y fonda une promenade publique à l'époque du traité de paix de Campo-Formio, aidé des soumissions volontaires et d'un grand nombre de journées de travail que ses concitoyens, dont il possédait la plus entière confiance, lui offrirent gratuitement : elle porte le nom de la *Place de la Paix*.

Le même Guy de Chauvigny, qui affectionnait l'ordre des Cordeliers, fit construire en 1459, à un kilomètre de la ville d'Argenton, un autre couvent près le lieu appelé *Pally*, avec maison, chapelle, jardin, verger et autres aisances : ce couvent fut appelé l'*Hermitage*.

Il y avait à Argenton cinq églises principales, savoir : Saint-Étienne, paroisse primitive; Saint-Sauveur, succursale et aujourd'hui cure en titre; l'église des Cordeliers, celle de Saint-Benoît et celle de Notre-Dame-des-Bancs ou du Château; il y avait en outre les chapelles de Saint-Paul, de l'Hôpital, de Saint-Jean, de Saint-Marc et de la Madeleine.

La plupart de ces églises sont ou détruites ou converties à d'autres usages, ainsi que nous l'avons dit. On n'officie plus que dans celles de St.-Sauveur, des Cordeliers et de Notre-Dame.

Nous ne saurions passer sous silence plusieurs remarques que fait l'historien Chaumeau sur l'église de St.-Étienne, dont le tonnerre a détruit de nos jours le chœur et le clocher. Il attribue la reconstruction de cette église aux Anglais et rapporte que sur l'un des arc-boutants de cette église, en dehors, du côté de la rue, il existe la date de 1566, pour rappeler l'élévation des eaux de la Creuse jusqu'à cette inscription, par suite d'un débordement de cette rivière, qui causa beaucoup de ravages.

A cette occasion il ajoute, que le 8 décembre 1530, dans un autre débordement, les faubourgs de la ville basse furent entièrement submergés, que la violence de l'inondation démolit une des portes de ville, que le pont d'Argenton, ainsi que plusieurs autres sur la Creuse, furent emportés et que plus de 60 maisons furent entièrement ruinées.

En l'année 1792, la Creuse débordée submergea également les rues de la ville, mais ne causa pas autant de mal.

Il existe sur cette rivière un nouveau pont, dont la belle et élégante construction fait l'admiration des connaisseurs.

Il a été fondé depuis peu, par les soins de l'administration locale, un abattoir que la salubrité publique réclamait.

ÉTABLISSEMENTS.

Argenton était autrefois un comté qui avait passé successivement de la maison des princes de Déols à celle d'Orléans, et par échange au Roi et à la couronne, dont relevaient plus de 40 grands fiefs, qui avaient justice haute, moyenne et basse.

Les appels de ces justices se portaient au bailliage du comté d'Argenton, dont le ressort s'étendait, soit pour les appels, soit immédiatement sur 22 paroisses.

Il possédait une juridiction pour les gabelles et pour les traites foraines.

Il y avait encore un lieutenant de Roi, un Maire, un lieutenant de Maire, des Échevins, un Secrétaire-Greffier, un Receveur de la ville et des officiers ministériels de la municipalité, un Subdélégué de l'Intendant et un autre de l'administration provinciale du Berri; un bureau de poste aux lettres, une poste aux chevaux, un bureau de diligences et messageries royales, un Exempt et une brigade de maréchaussée, et enfin un Conseiller et un Greffier du tribunal de messieurs les Maréchaux de France et du Point-d'Honneur.

Lors de la révolution de 1789, la majeure partie de ces établissements furent supprimés; mais il y fut établi un tribunal et une administration de district, qui furent remplacés, en l'an IV, par un tribunal correctionnel, comprenant dans son ressort, outre l'ancien district d'Argenton, ceux du Blanc et de la Châtre.

Ce dernier établissement fut encore supprimé en l'an VIII, malgré toutes les raisons qui militaient en faveur de la conservation de ces établissements judiciaire et administratif. 52 communes, au nombre desquelles se trouvaient celles de Saint-Benoît, Saint-Gaultier, Cluis-Dessus et Éguzon, composant son arrondissement de district, et qui offraient une population de 40,609 habitants, demandèrent, mais vainement au gouvernement, que dans la nouvelle circonscription des établissements, Argenton conservât son tribunal. Elles faisaient valoir des moyens fondés sur la justice, la raison, l'intérêt de nombreuses populations, celui du trésor public et sa position topographique; mais la Châtre et le Blanc leur opposant des adversaires qui n'employèrent pour tout moyen en faveur de la création de tribunaux dans leur ville et de la suppression de celui d'Argenton, que l'intrigue auprès des gouvernants d'alors, ils réussirent. La ruine d'Argenton fut consommée. Les administrés de 52 communes qui se rendaient à Argenton pour suivre leurs affaires, y laissaient de l'argent qui vivifiait son commerce et son industrie. Châteauroux, le Blanc et la Châtre, en enlevant à la ville d'Argenton ses établissements avec tous ses magistrats, ses avocats et ses avoués, tous hommes pleins de lumières, pour composer leurs tribunaux, attirèrent et concentrèrent le commerce et l'industrie dont elle avait joui. Mais que les Argentonnais ne désespèrent pas, la justice et l'intérêt du trésor public sauront plaider un jour, avec l'éloquence de la raison et non sans succès, en appel de la perte de leur juste cause, auprès du gouvernement éclairé qui nous régit.

Argenton n'est plus aujourd'hui, par suite de ces suppressions successives, qu'un chef-lieu de canton composé seulement de 10 communes, et n'a plus que deux marchés par semaine, encore pendant une partie de l'année seulement.

CARACTÈRE, MŒURS ET RELIGION.

Les Argentonnais sont francs, bons, constants dans leurs affections, enthousiastes, ont l'esprit assez facile et même des dispositions heureuses. Leur ville privée d'établissements publics et de commerce, une foule d'entre eux sont forcés de s'expatrier pour utiliser leurs talents, particulièrement dans la science des lois, soit comme juges, avocats, avoués et notaires dans les principales villes des départements du Cher et de l'Indre. Leurs mœurs sont en général douces; ils passent pour être entêtés dans leurs opinions, et avoir l'esprit un peu caustique, sobres par tempérament, quelquefois irascibles, mais sans longue rancune. Les deux sexes y sont généralement d'un assez beau sang et d'une belle stature.

Les deux nobles sentiments, le courage et l'amour de la patrie, qui les animent, sont comme naturalisés parmi eux. Lors des différents appels qui ont été faits pendant notre glorieuse révolution pour la défense de la nation, on ne comptait pas ceux qui s'enrôlaient sous les drapeaux, tous y volaient, et l'on n'en connaît pas un qui soit revenu sans congé et sans s'être généreusement montré. Parmi ceux que le sort des batailles a épargnés et qui sont rentrés dans leur pays, on compte plusieurs colonels et chefs de bataillon, une foule de capitaines et autres officiers de toutes armes, dont la plupart sont décorés de l'étoile des braves.

Les vignerons Argentonnais, laborieux et économes, émigrent chaque année à l'époque de l'ouverture des moissons avec une partie de leur famille et vont se louer dans la partie du département de l'Indre appelée Champagne, pendant le cours de la moisson, rapportent le fruit de leur travail et de leurs économies qu'ils emploient ordinairement au paiement de leur loyer de maison. Leurs femmes et leurs enfants glanent et ramassent du blé, qui sert à substanter la famille pendant plusieurs mois de l'année, et lors de la saison morte où la culture de la vigne ne réclame point leurs soins, ils vont travailler sur les routes.

Vers le 16me siècle, la religion réformée avait fait beaucoup de prosélytes à Argenton. A cette époque, ils avaient Dumoulin pour ministre de leur religion, qui avait acquis de la célébrité comme auteur de plusieurs ouvrages en faveur de ses sectateurs. Leur prêche se faisait au château de Chabenai, distant de deux kilomètres d'Argenton. Leur cimetière particulier était dans le faubourg de Saint-Étienne; la funeste révocation de l'édit de Nantes, inspirée par l'ardent et affreux fanatisme, toujours armé du poignard et du flambeau, força plusieurs familles riches de s'enfuir à l'étranger avec leur fortune, pour éviter les atroces persécutions exercées contre elles, à l'imitation d'une foule de leurs co-religionnaires des autres parties de la France, qui emportèrent aussi avec eux leur or, leurs talents et leur industrie dont fut privée la France. Le petit nombre de celles qui s'étaient soustraites à l'exil, s'est insensiblement éteint; ils sont maintenant tous catholiques ou passent pour tels.

COSTUMES.

Les costumes des paysans se composent d'un gilet, d'une petite veste et d'un long habit carré avec poches sur les côtés, de culottes et guêtres en toile grise et d'un chapeau tricorne. Les femmes portent des coiffes accompagnées de larges bandes de toile décorées de dentelles, relevées et arrangées sur le devant de la tête, qui leur encadrent le visage d'une façon piquante : elles se couvrent ordinairement d'une capote ou manteau noir en drap avec cape; la chaussure du pays, sont les sabots, remarquables par leur perfection. L'aisance, produit de l'industrie, qui s'est répandue depuis la révolution dans toutes les classes de la société, a fait substituer parmi la jeunesse la petite veste carrée de drap à l'habit long de toile et le chapeau haute forme à celui à trois cornes.

LANGAGE.

L'idiôme en usage parmi les paysans n'est qu'un latin corrompu, ainsi que nous pourrons le prouver par quelques exemples :

Un paysan demandant avec menaces à un autre, pourquoi il s'introduit dans son champ emblavé, lui dira :

Qué quèrre tu iqui dreux teux,
Vos tu ben saillir de fors?

La traduction en latin en sera :

Quid quœris hic directè tu
Vis-ne salire foras?
Que dit est là?
Hol é ben véré.
Quid dictum est hâc
Hoc est benè verum.

Ce patois ne fait que confirmer dans l'opinion que le séjour des Romains à Argenton a été très prolongé.

HOMMES DISTINGUÉS.

Nous signalerons parmi les hommes distingués dans la magistrature, la jurisprudence, les arts, les sciences et les dignités qui ont pris naissance à Argenton, dans les temps anciens et modernes et qui n'appartiennent point à l'époque contemporaine : le poète *Barrat*, dont *Colletet* parle avantageusement dans son histoire des poètes modernes; *Jacques Lehongre*, savant dominicain, dont on a des homélies et d'autres ouvrages estimés.

Les *Debien;* les *Dufour des Forêts-Chauves; Jean Mauduit*, auteur d'un commentaire très estimé sur la coutume du Berri; les *Rollinat* père et fils, avocats et procureurs fiscaux; les *Baudet*, jurisconsulte profond;

les *Jaumebon*, président de chambre à la cour royale de Bourges; les *Pigeaud*, jurisconsulte éclairé; les *Auclair-Descôtes*, docteur en médecine, ex-constituant; les *Silvain Pepin*, ex-législateur, membre de la cour de cassation; les *Rataud* frères, dont l'un fut directeur des finances, et l'autre conseiller à la Cour de cassation, après avoir été deux fois élu au corps législatif; les *Robin-Scévole*, ancien député; tous hommes qui ont honoré leur pays par leur savoir et leur intégrité, surtout M. *Silvain Dupertuis*, jurisconsulte profond, dont les conseils étaient recherchés de toutes parts; aussi la reconnaissance de ses concitoyens a-t-elle cru devoir lui donner un témoignage durable de son estime, en donnant son nom à la rue qu'il habitait, *Rue Dupertuis*.

André Baudet, jésuite, plus connu sous le nom de *Père de la Croix*, religieux recommandable par sa vie exemplaire et ses connaissances en théologie; la savante mais astucieuse congrégation, dont il était membre, lui avait donné des preuves non équivoques de son estime; après avoir professé avec distinction, il fut nommé recteur du collège de *Louis le Grand*, et ensuite provincial de la province de Paris, jusqu'à la dispersion de son ordre: il a laissé sur les Saints Pères des commentaires manuscrits.

La famille des *Gaucourt*, anciens comtes de Clermont, en Beauvoisis, par Jean de Clermont, dont les enfants prirent le nom de Gaucourt, et conservèrent pour cri de guerre *Clermont*, a fourni un grand-maître de France, un maréchal de France, trois gouverneurs de province, un bailli du Berri, un sénéchal de la Marche, trois chambellans du Roi, plusieurs chevaliers de ses ordres, deux grands fauconniers, plusieurs évêques, des chevaliers des ordres de St.-Jean-de-Jérusalem et une foule de grands capitaines qui ont servi avec mérite l'État. Elle a possédé jusqu'en 1790, les terres de Bouesse, Gournai et Cluis, dans les environs d'Argenton.

La famille des *Chabenat*, dont deux ont été conseillers au Conseil du Roi, introducteurs des ambassadeurs et des princes étrangers.

Les *Rodier de la Bourdine*, dont l'un d'eux était parvenu par son mérite, sa bonne conduite et ses talents militaires, de simple chevalier au grade de lieutenant colonel du régiment des Cravates-Cavalerie, qui avait commencé à servir sous Louis XIV et continué sous Louis XV. En 1756, il obtint des lettres de noblesse, dans lesquelles il est dit, qu'il s'est trouvé et s'était bien montré dans 54 affaires, siéges ou batailles rangées. Son fils, élevé comme lui dans les derniers rangs de la milice, est aussi parvenu à ce grade de lieutenant colonel dans le même régiment.

Il en est un dont nous n'hésitons pas à faire figurer le nom dans les rangs de ces hommes remarquables, qui se signala par l'amour de son pays; *Silvain Pellé*, qui, indépendamment de sa réputation dans l'art de guérir (il était chirurgien), prodigua sa fortune et ses soins à des entreprises qui, si elles eussent été couronnées du succès dû à son zèle, auraient donné à la ville d'Argenton, de l'activité et de nouvelles branches d'industrie. C'est lui qui le premier avait établi une verrerie ; c'est aussi le premier qui fit construire des bateaux marchands, ouvrit et fraya depuis Argenton jusqu'à la Loire le canal de la Creuse et démontra la possibilité de la navigation et les avantages qui en résulteraient ; il a bien mérité de son pays, qui lui en a voué sa reconnaissance.

Les *Robin-Scévole père*, littérateur et poète, auteur d'une traduction en vers des satyres de Martial.

Brunaud, docteur médecin, auteur d'un traité sur l'hygiène des hommes de lettres et de plusieurs mémoires intéressants pour lesquels il lui fut décerné des médailles.

Gabriel-André Auclerc, avocat, auteur d'un traité de philosophie et de morale, imprimé sous le titre de *Thréicie*.

Loutil, général de brigade, qui fit prisonnier *Stofflet*, général en chef des vendéens, malgré l'opiniâtre résistance qu'opposa ce partisan en 1796.

Les contemporains dont les noms s'offrent à notre mémoire sont MM. *Charles-Joseph Pépin* fils, auteur du poème des Troubadours et de beaucoup de pièces fugitives en vers.

Rochoux, docteur médecin, membre de l'académie de médecine, qui fut du nombre des trois commissaires choisis par le gouvernement pour aller à Barcelonne, en Espagne, étudier la maladie qualifiée de fièvre jaune, collaborateur du dictionnaire des sciences médicales, et auteur de plusieurs ouvrages de médecine, entre autre d'un traité sur la fièvre jaune.

Delagrave, lieutenant-colonel, ancien aide de camp du duc d'Abrantès, historien, auteur de l'histoire de la guerre du Portugal et de plusieurs autres ouvrages.

Et une foule d'autres citoyens qui occupent des places élevées dans la magistrature et dans le barreau, tous dignes de recommandation par leurs talents.

MÉTÉOROLOGIE.

Le climat est en général tempéré, les maladies y sont rares, l'air y est très salubre; le courant rapide de la rivière de la Creuse, qui traverse la ville, passe pour entraîner toutes les mauvaises exhalaisons; aussi les exemples de longévité n'y sont-ils pas rares.

HISTOIRE NATURELLE.

Règne animal

On élève beaucoup de jeunes bêtes à cornes et ovines dans les campagnes environnantes, lors des années favorables aux herbages : elles offrent une branche de commerce productive, ainsi que les porcs en temps de glandée. Le gibier est assez commun et d'excellente qualité ; les sangliers, les chevreuils, les lièvres, les perdrix grise et rouge s'y trouvent, et particulièrement les lapins, animaux rongeurs, qui semblent se multiplier à mesure de leur destruction. La chasse aux furets, qui leur est faite avec activité, n'empêche pas qu'ils ne fassent le désespoir des vignerons, qui voient chaque année, au retour du printemps, les bourgeons de leurs vignes plantées sur les collines où ces animaux se retirent dans les terriers qu'ils y ont formés, en partie dévorés.

La rivière de la Creuse et celle de la Bouzanne, qui s'y jette au-dessous d'Argenton, fournissent d'excellents poissons, tels que carpes, brochets, truites, saumons, lamproies, barbeaux et surtout le *tacon*, que l'on appelle *tacot* dans le pays; ce dernier est un petit poisson de passage que l'on ne voit que depuis la mi-mars jusqu'à la fin d'avril.

Règne végétal.

Le territoire d'Argenton est presqu'entièrement consacré à la petite culture ; il produit à peine le blé nécessaire pour nourrir un tiers de l'année ses habitants ; une grande partie des terrains est plantée et cultivée en vignes, qui donnent de très-bon vin, quoiqu'on n'emploie pas les nouveaux procédés de vinification en usage dans les vignobles de la Bourgogne et du Bordelais, qui seraient susceptibles de l'améliorer. On y récolte froment, marsèche, avoine, chanvre, graines oléagineuses et beaucoup de fruits précoces et d'excellente qualité ; on commence à y introduire la culture des prairies artificielles.

Les jardins de ville sont remarquables par l'élégance et le goût avec lesquels ils sont cultivés et soignés ; les jardins maraîchers fournissent abondamment des légumes excellents de toute espèce, que les jardiniers Argentonnais, actifs et laborieux, exportent en partie sur les marchés des villes et bourgs du département de la Creuse.

Règne minéral.

On y exploite des carrières de grès, de pierres calcaires et d'argile.

Sites pittoresques d'Argenton.

Pour peindre les sites grâcieux, pleins de charmes qu'offre Argenton, nous ne saurions mieux faire que d'emprunter le tableau qu'en ont fait les rédacteurs *des Voyages dans les départements.*

« En général, on voyage tristement dans ce départe-
» ment (Indre), Argenton est le seul endroit où la
» scène soit piquante et pittoresque : à peu près à deux
» kilomètres de cette ville, on rencontre une chaîne de
» rochers et ce sont les seuls que l'on rencontre dans
» ce département : le tableau a de la hardiesse ; on ar-

» rive sur les bords d'une vallée étroite et profonde que
» le chemin traverse. Des collines couvertes de bois,
» s'amoncelant les unes sur les autres, se présentent
» tout d'un coup à la vue, et sans que rien prépare à
» cette surprise; la vallée étroite et ténébreuse, semble
» dérober aux regards des hommes et des dieux les som-
» bres tours d'un antique château; elle n'a pu le cacher
» au temps impitoyable, et les pans écroulés de ce
» monument gothique font gémir encore l'onde de la
» rivière qui se brise en roulant sur leurs débris épars.
» Sur la gauche une tour plus robuste a défié les âges et
» perce encore avec orgueil au-dessus des bois silen-
» cieux.

» Cette scène, en se prolongeant jusqu'à Argenton, y
» déploie un autre caractère; une sorte de terreur em-
» poisonne alors le plaisir que le coup-d'œil procure;
» une masse énorme de rochers semble, pour ainsi-dire,
» suspendue sur la ville et menacer à chaque instant de
» l'engloutir, dans sa chute; ce n'est donc dans le vrai
» qu'une méprise d'optique; car cette suite de rochers
» est coupée à pic et se trouve encore à une certaine
» distance.

» La Creuse serpente agréablement dans cette vallée
» au milieu d'un tapis de verdure, dont la fraîcheur est
» enchanteresse; l'autre rive de la vallée est formée de
» collines très agréablement émaillées de vignobles, de
» bois et de fleurs; quelques ruines d'une ancienne
» forteresse ajoutent encore à l'élégance du paysage. »

INDUSTRIE COMMERCIALE.

Il existe à Argenton dix à douze tanneries, dont les produits sont exportés en partie sur les marchés de Limoges et de Toulouse ; c'est la seule industrie qui soit en voie de prospérité.

Une soixantaine de tisserands en toile de chanvre.

Des blanchisseries dès longtemps très renommées.

Les vins excellents et légers, amis de l'homme, qui s'y récoltent et font une des principales ressources, donnent lieu à un commerce d'exportation assez étendu dans les départements de la Creuse et de la Haute-Vienne qui leur offrent un débouché.

FOIRES.

Il s'y tient deux foires renommées qui durent plusieurs jours, connues sous les noms de la *Madelaine* et du *Retour du Pont*; les articles de commerce sont particulièrement les moutons gras, les chevaux, les bestiaux et les porcs gras.

Il s'y était créé un commerce de sangsues, il y a quelques années, qui avait pris un grand accroissement et s'étendait jusqu'à Calais et Londres ; il a beaucoup diminué depuis que les propriétaires des étangs de la Brenne ont empêché la pêche de ces insectes, si généralement utilisés depuis l'adoption de la doctrine du médecin Broussais : il existe toujours, mais il est beaucoup moins étendu.

POPULATION.

D'après le dernier recensement officiel, elle est de 4,319 habitants.

Moyens d'augmenter l'activité du commerce d'Argenton et d'y ouvrir de nouvelles branches d'industrie.

La position topographique de cette ville offre une foule de circonstances qui doivent l'appeler un jour à figurer parmi les villes commerçantes de l'intérieur.

En attendant qu'un gouvernement réparateur des injustices lui restitue ses établissements judiciaire et administratif, l'ouverture d'une route d'Argenton à Guéret et à Clermont, lui serait nécessaire; elle pourrait conduire à Orléans par la route de Toulouse.

Celle qui est commencée de la Rochelle à Lyon, par Moulins, lui sera d'une grande utilité.

Une autre par la Touraine et la Normandie, par Buzançais, lui serait non moins avantageuse.

La confection de ces différentes routes est en cours d'exécution depuis la manifestation de ce vœu.

La rivière de la Creuse rendue à la navigation, à partir d'Argenton jusqu'à la Loire, serait un autre moyen bien plus puissant de vivifier le commerce de cette ville et de toutes les communes riveraines de cette rivière.

Les vins du pays, les fers du département de l'Indre, dont la bonté et la ductilité sont généralement connues, les bois de marine, les mines de charbon de terre du département de la Creuse, que la seule difficulté des transports par terre empêche d'exploiter, seraient objet d'opérations commerciales très étendues; Argenton deviendrait de cette manière un vaste entrepôt qui recevrait tous ces produits, l'excédant du produit des blés de toute espèce nécessaire à la nourriture des habitants de l'Indre; les châtaignes de la Creuse et de la Haute-Vienne, et une foule d'autres denrées et marchandises agricoles et industrielles embarquées au port d'Argenton, se rendraient facilement dans la Loire, d'où elles seraient conduites par les canaux qui y débouchent, dans les ports maritimes ou dans les lieux où le débit en serait avantageux.

On remonterait de Nantes, des marchandises d'un autre genre, des épiceries, des bois de teinture, des sucres, des cafés et autres denrées coloniales, des marées, des sels et de l'ardoise.

On épargnerait ainsi les frais immenses des transports par terre.

Depuis le 17me siècle, cette navigation est projetée : en 1779, il fut dressé un procès-verbal des difficultés à vaincre et de l'estimation des dépenses qu'elles nécessiteraient ; en 1787, le Conseil d'État, sentant les avantages qui en résulteraient pour les nombreuses populations actives et laborieuses des rives de la Creuse, en adopta le projet.

Depuis cette époque, les événements qui sont survenus, l'avaient fait oublier jusqu'en l'année 1810, où le nivellement en fut ordonné par ordre du gouvernement ; par suite de cet ordre, les procès-verbaux des travaux à faire et des devis estimatifs ont été dressés en 1827, la valeur approximative des indemnités à accorder aux propriétaires riverains a été estimée ; le plan définitif de cette navigation et la fixation totale approximative des dépenses qu'elle peut occasionner, portées à cinq millions, ont été faits et arrêtés ; toutes ces dernières pièces, résumées par M. Garnier, ingénieur, et approuvées par M. l'ingénieur en chef du département de l'Indre, ont été envoyées par ce dernier à la direction générale des ponts et chaussées.

L'auteur de cet écrit a cru devoir, dans l'intérêt de son pays, adresser une pétition à la chambre des députés et en provoquer de la part de plusieurs citoyens des rives de la Creuse, qui toutes tendent à obtenir une ordonnance royale qui rende cette rivière navigable, à partir de la commune d'Argenton, jusqu'à son embouchure dans la Vienne, et ordonne l'adjudication des travaux à faire pour y parvenir, à une compagnie, conformément au plan définitif et aux conditions portées dans un cahier de charges, moyennant des concessions.

Dans l'Indre-et-Loire, où les travaux de nivellement sont faits depuis longtemps, pareille demande a été adressée.

Tout fait donc espérer que sous le gouvernement actuel, protecteur du commerce, de l'agriculture et de l'industrie, les Argentonnais obtiendront incessamment ce qui a été depuis longtemps l'objet de leur plus ardent désir.

Puisse la réalisation de ce projet de navigation donner en partie à cette ville l'importance commerciale dont elle est susceptible; importance que ses habitants sauront soutenir par leur courage, leur activité, et leur aptitude agricole, industrielle et commerciale.

Cette pétition, avec celles dont j'ai parlé dans le cours de l'opuscule qui précède, ont été renvoyées au Ministre des travaux publics, pour y être fait droit, *le 3 juin* 1833. Elle a été appuyée par les députations de l'Indre, Indre-et-Loire et la Creuse. M. Léraud, député de la Creuse, a parlé, lors de la discussion du rapport fait à la chambre des députés, avec beaucoup d'éloquence sur la nécessité du renvoi; il fait à cette occasion une peinture vive de la stérilité du sol montagneux de son département et de la misère de ses habitants, forcés, pour pourvoir à la subsistance de leurs familles, de s'émigrer pour trouver l'emploi de leur travail dans les grandes villes, où dans les troubles civils ils en deviennent les acteurs et les tristes victimes; tandis qu'ils pourraient trouver des occupations lucratives chez eux, en se livrant à l'exploitation des mines de charbon de terre que la nature leur a données, si des débouchés faciles leur étaient offerts, etc. etc.

Demande tendante à l'obtention d'une Ordonnance royale qui rende la rivière de la Creuse navigable et autorise l'adjudication de l'entreprise des travaux à faire.

A Messieurs

LES DÉPUTÉS DE LA FRANCE.

Messieurs,

Le temps où les citoyens, amis de leur pays, peuvent demander au gouvernement l'exécution de projets utiles à la généralité des habitants d'une contrée avec l'espoir du succès, est donc enfin arrivé! surtout lorsque l'industrie, le commerce et l'agriculture, les principaux nerfs du Gouvernement français, protégés par lui, se réunissent et viennent à l'appui de leurs demandes.

Le sieur Antoine Grosset, notaire à Neuvy-Saint-Sépulcre, département de l'Indre, a l'honneur de vous demander avec confiance, que le projet de la navigation de la rivière de la Creuse reçoive son exécution, après avoir été conçu depuis le 17me siècle. Dès qu'il aura démontré l'importance avantageuse qui en résultera pour plusieurs départements dont les habitants industrieux ne demandent que des débouchés pour leurs produits agricoles, industriels et l'activité de leur commerce, il ose espérer que vous ferez droit à sa demande.

La rivière de la Creuse prend sa source prés Felletin, traverse les départements de la Creuse, de l'Indre et d'Indre-et-Loire; elle coule parmi des rochers et sa pente est assez rapide jusque vers Argenton, ville chef-lieu de canton dans le département de l'Indre; d'Argenton jusqu'à sa chute dans la Vienne et presque de suite dans la Loire, c'est-à-dire dans un cours d'environ seize myriamètres, à raison de ses sinuosités; cette rivière peut offrir une navigation facile et constamment avantageuse aux contrées qu'elle parcourt et à celles qui sont au-delà de son embouchure.

Cette navigation serait facile ainsi que les ouvrages à faire pour y parvenir, c'est ce qui résulte d'un procès-verbal dressé à la fin du 17me siècle, à la demande de mademoiselle Louise de Bourbon Montpensier, comtesse d'Argenton, par des ingénieurs et des commissaires nommés par le bureau des trésoriers de Bourges, grands voyers, dans les archives desquels ce procès-verbal fut déposé.

Il constatait que la dépense à faire alors, y compris les indemnités que l'on aurait été obligé d'accorder aux propriétaires des moulins, usines et autres héritages auxquels cette navigation pouvait faire quelque tort, n'aurait pas excédé trois cent mille francs, à partir d'Argenton jusqu'à Tournon, limite de l'ancienne généralité du Berri.

Il en a été dressé un autre, aussi par ordre du gouvernement, en avril 1779; il offre les mêmes résultats.

Depuis cette époque, le nivellement en a été ordonné, les procès-verbaux des travaux à faire et des devis estimatifs ont été dressés en 1827 par M. Mangeot, ingénieur; la valeur approximative des indemnités à accorder aux propriétaires riverains a été estimée, le plan définitif de cette navigation et la fixation approximative des dépenses qu'elle occasionnera portée à cinq millions, ont été faits et arrêtés; toutes ces dernières pièces ont été résumées par M. Garnier, et dû être envoyées par M. Anselin ingénieur en chef du département de l'Indre, à la direction générale des ponts et chaussées.

La réalisation de cet important projet n'exige donc plus qu'une ordonnance royale qui autorise l'adjudication de l'entreprise de ces travaux.

Parmi les nombreux avantages qu'offrirait cette canalisation, on peut compter ceux-ci:

1° Le territoire d'Argenton, dans une étendue de trois lieues au-dessus et autant au-dessous de la ville, sur une largeur plus ou moins grande, offre une continuité de coteaux couverts de vignes d'un assez bon rapport, et qui donnent en plusieurs cantons un vin auquel il ne manque que d'être connu pour être estimé. Feu M. Pellé Delatouche, citoyen d'Argenton, recommandable par ses entreprises utiles à son pays, eut la hardiesse de descendre jusqu'à Nantes des bateaux chargés de diverses marchandises, dans le courant du mois de mai 1779, parmi lesquelles étaient des vins du pays, qui, loin de perdre en qualité par le flottage, avaient acquis en bonté arrivés à Nantes; ce qui démontre en même temps la possibilité facile de cette navigation et de ses avantages; le transport par terre qui s'en fait est ruineux pour les propriétaires et les colons, qui sont souvent obligés de le donner à vil prix.

2° D'un autre côté, tous les environs de la Creuse, au-delà des vignes, sont couverts de bois. Il y en a beaucoup de propres à la marine.

3° Mais un objet qui doit surtout fixer votre attention, *Messieurs,* c'est la grande quantité de forges, soit du département de l'Indre, soit des autres pays voisins de la Creuse, qui fournissent un fer dont la bonté et la malléabilité sont généralement connues: les seuls arrondissements du Blanc, de La Châtre et de Châteauroux en renferment un grand nombre, qui n'ont pas à beaucoup près, l'activité que la grande abondance des bois et des mines devrait leur assurer, parce que le transport des fers est trop pénible et très dispendieux.

Le fer, *Messieurs*, est l'objet le plus important, après les denrées de première nécessité, pour les Français industrieux, actifs et livrés à une foule d'arts qui en réclament. Quel immense avantage d'encourager l'activité des forges en France, au lieu d'être obligé d'y favoriser l'importation des fers étrangers !

4. L'exportation de l'excédant du produit des différentes espèces de grains récoltés dans le département de l'Indre, nécessaires à la consommation de ses habitants.

5° Celle des charbons de terre du département de la Creuse, dont l'exploitation des mines ne demande qu'un débouché facile pour arriver sur les marchés avantageux.

6° On remonterait des marchandises d'un autre genre, des épiceries, des bois de teinture et autres denrées coloniales, des marées, des sels, de l'ardoise et une foule d'objets manufacturés.

On épargnerait ainsi les frais immenses des transports par terre, les routes se conserveraient plus longtemps en bon état, et les chevaux, dont le besoin se fait constamment sentir, soit pour la remonte de l'armée, soit pour l'agriculture, deviendraient moins rares et moins coûteux.

Le pétitionnaire, en vous priant d'appuyer sa demande pour parvenir à l'exécution d'une entreprise fondée sur l'avantage, pour l'état en général et pour les citoyens, d'étendre les communications qui facilitent le commerce et l'échange des productions entre les différents départements, ose espérer, Messieurs, qu'au nom de ses compatriotes de la ville d'Argenton et des communes voisines de la Creuse, vous renverrez avec recommandation sa pétition à M. le Ministre du commerce et des travaux publics, pour faire rendre, conformément aux lois et réglements, une ordonnance qui autorise la canalisation de la rivière de la Creuse, à partir de la commune d'Argenton, département de l'Indre, jusqu'à son embouchure dans la Vienne, ainsi que l'adjudication de l'entreprise des travaux à faire à une Compagnie, suivant le plan définitif de cette navigation et aux conditions qui seront portées dans un cahier des charges, moyennant des concessions qui seront déterminées.

Puisse, Messieurs, votre assentiment être accordé à l'objet de ma demande! j'aurais à me féliciter d'avoir contribué au bien de mon pays.

En attendant votre décision,

J'ai l'honneur d'être avec le plus profond respect,

Messieurs les députés,

Votre très-humble et très-obéissant serviteur,

GROSSET.

L'auteur, à l'occasion d'une discussion élevée dans le Journal de l'Indre, *sur l'opportunité de la création d'un* 5me *arrondissement, dans le département de l'Indre, a cru devoir, dans l'intérêt d'Argenton, écrire une lettre où il émet son opinion motivée, insérée dans ce journal et reproduite dans celui de l'*Abeille de l'Indre.

Argenton, le 28 Octobre 1841.

Monsieur le Rédacteur,

Depuis quelque temps votre journal a entretenu vos lecteurs du projet de demande de la création d'un cinquième arrondissement dans le département de l'Indre : me serait-il permis d'espérer de vous faire accueillir, pour être ajoutées aux réflexions qui ont déjà paru à ce sujet, les observations suivantes, que je vous prie d'insérer dans vos colonnes.

Les motifs puissants qui militent en faveur de cette idée sont assez nombreux.

Le département de l'Indre, lors de sa division en quatre arrondissements, n'avait qu'une population de 206,475 ames, ainsi qu'il résulte de ces tableaux de population

— 43 —

de chacun de ses districts, déposés dans les bureaux du ministère de l'intérieur.

Châteauroux............................ 42,366 ames.
Issoudun................................ 39,596
Argenton............................... 40,609
La Châtre.............................. 32,067
Châtillon............................... 26,612
Le Blanc............................... 25,225
                                         ———
                                         206,475

Elle est maintenant, d'après les derniers recensements, de 257,350 ames, augmentation d'un cinquième en plus, ce qui nécessite, suivant la même proportion, la création du cinquième arrondissement, pour satisfaire aux besoins d'une population plus nombreuse.

Argenton qui, avant et depuis la révolution de 1789, a toujours été le siége d'établissements judiciaires et administratifs jusqu'en l'année 1800, en pourrait être le chef-lieu.

Cette ville, à cette époque, était en possession d'un tribunal correctionnel dont 131 communes ressortissaient, et d'un district qui comprenait 52 communes, au nombre desquelles étaient les villes de Saint-Benoît, Saint-Gaultier et Cluis-Dessus,

Sa position topographique en fait le point central de ces dernières villes, qui ont toujours continué leurs relations commerciales et d'affection avec elle, malgré leur séparation violente et dénaturée, opérée par la circonscription actuelle des arrondissements du département.

Depuis des siècles, elles vivaient sous l'empire des mêmes coutumes, des mêmes usages locaux, des mêmes mœurs, ayant le même climat, une nature de sols, un genre de culture qui diffèrent des autres parties du département; enfin les lois physiques et morales qui imposaient l'obligation aux législateurs d'alors de les laisser réunies sous les mêmes juges et administrateurs, furent impolitiquement violées.

Elle est la seule ville traversée par la route de Paris à Toulouse, qu'on rencontre de Châteauroux à Limoges, sur une direction de douze myriamètres.

Son territoire est un pays de petite culture, dont une partie est plantée en vignes, et il est très populeux; les propriétés très morcelées y occasionnent malheureusement une multiplicité de procès ruineux, dont on ne peut obtenir le terme qu'après des voyages coûteux.

Les villes de la Châtre et du Blanc, qui possèdent des tribunaux, se trouvent être situées, l'une à 1 myriamètre des limites des départements de la Vienne et d'Indre-et-Loire, l'autre à 1 myriamètre des limites des départements de la Creuse et du Cher, de sorte que les communes respectives de leur ressort les plus éloignées, sont à des distances de 5 et 6 myriamètres.

Une partie de leurs justiciables, éprouvent même, durant l'hiver, la plus grande difficulté pour s'y rendre, au milieu des glaces, des neiges, des torrents, des ravins profonds; ce qui leur occasionnent un surcroît de dépenses par suite du séjour qu'ils sont forcés d'y faire.

D'un autre côté, les frais des descentes de la justice sur les lieux en contestation, situés dans les communes les plus éloignées, leur sont aussi très onéreux.

Il est un principe sacré, toujours respecté des législateurs, qui est de créer des établissements administratifs et judiciaires dans les lieux où il existe les plus grandes masses d'hommes.

Argenton, chef-lieu d'arrondissement, en conséquence de ce principe, pourrait comprendre 50 communes, 5 cantons populeux de 47,168 ames.

Chacun des arrondissements du département se trouverait

composé ainsi qu'il suit, en nombre de communes, de cantons et d'ames :

1ᵉʳ *Châteauroux*, 74 communes, 7 cantons. 84,683 ames.
(Le canton d'Argenton distrait).
2ᵉ *Issoudun*.... 49 communes, 4 cantons. 47,572
3ᵉ *Argenton*.... 50 communes, 5 cantons. 47,168
(Les cantons d'Argenton, St.-Gaultier, Éguzon et Neuvy réunis moins les communes de Mers, Montipouret et Sarzay.)
4ᵉ *La Châtre*.. 41 communes, 3 cantons. 40,426
(Les cantons d'Éguzon et de Neuvy distraits moins les communes de Mers, Montipouret et Sarzay réunies au canton de la Châtre.)
5ᵉ *Le Blanc*... 34 communes, 4 cantons. 37,501
(Les cantons de St.-Gaultier et de St.-Benoist distraits)(1).

Quelles que soient les modifications apportées par l'autorité à cette division, devenue nécessaire, il n'en sera pas moins d'une bonne et sage politique du gouvernement de satisfaire à ces intérêts généraux depuis longtemps reconnus. Il est juste que, dans toute société bien réglée, les avantages soient partagés entre ceux qui en supportent les charges : que la réalisation de ce projet puisse donc s'effectuer promptement !

Vous, habitants des communes ressortissantes de l'arron-

(1) Il est à remarquer que l'auteur de cette lettre qui, nous le savons de bonne part, n'a point connu le plan de division territoriale que nous avons sommairement indiqué dans l'un de nos derniers numéros, se rapproche cependant beaucoup des bases que nous avons nous-mêmes posées pour ce travail. Ceci prouve que la modification proposée correspond à un besoin réel et n'a rien de fictif ou d'arbitraire. A l'inverse de toutes les autres questions, celle-ci sera résolue le jour où le principe étant admis on n'aura plus à s'occuper que des détails de l'exécution.

Note du rédacteur.

dissement futur d'Argenton, empressez-vous de signer des pétitions d'adhésion ; que vos intérêts communs soient le mobile puissant et énergique de votre conduite dans cette circonstance ; vous, électeurs de tous les dégrés, sollicitez, pressez vos magistrats de vous seconder, vos mandataires, de soutenir la justice de votre demande auprès du conseil général ; vos députés, d'éclairer la chambre nationale et le gouvernement sur l'équité de vos pétitions : les protestations de vos pères n'auront pas été vaines ; vos droits, qui sont imprescriptibles, seront enfin reconnus ; vos vœux, si souvent trompés, se réaliseront et la justice aura triomphé ! Eh ! comment cette demande, aussi juste que légitime ne recevrait-elle pas un accueil favorable du gouvernement bienfaisant d'un prince éclairé, ami et protecteur des arts, des sciences, de l'industrie, du commerce et de l'agriculture, colonnes fondamentales de l'édifice social.

Et toi Argenton, ô ma patrie, cité jadis célèbre dans plusieurs provinces par les jurisconsultes aussi profonds qu'éclairés, auxquels tu donnas le jour, ne devras-tu pas concevoir l'heureux espoir de renaître de tes cendres, à la réapparition dans ton sein des établissements dont tu es privé depuis bientôt quarante-un ans, en voyant ton industrie se revivifier, ton commerce se féconder et ton agriculture fleurir, sources précieuses de richesses et gage de ta prospérité et de ton bonheur futurs.

G.

www.ingramcontent.com/pod-product-compliance
Lightning Source LLC
Chambersburg PA
CBHW060940050426
42453CB00009B/1100